# Inhalt

**Biokraftstoffe - Börsenrausch, Beimischungszwang, boomender Rapsanbau**

Kernthesen

Beitrag

Fallbeispiele

Zahlen und Fakten

Weiterführende Literatur

Impressum

# Biokraftstoffe - Börsenrausch, Beimischungszwang, boomender Rapsanbau

*Autor GENIOS BranchenWissen: A.Schneider*

## Kernthesen

- Zu den Biokraftstoffen gehören Biodiesel aus Raps, Rapsöl, Bioethanol aus (brasilianischem) Zuckerrohr, aus (heimischem) Getreide oder aus Zuckerrüben, Zellulose-Ethanol und synthetischer Biodiesel (BtL Biomass to liquid).
- Die europäische Kommission hat vorgeschrieben, dass die Mitgliedsstaaten den Anteil von Biokraftstoffen am Kraftstoffverbrauch bis 2010 auf 5,75

Prozent steigern sollen. Auch die deutsche Bundesregierung setzt derzeit eine Beimischungsrichtlinie in Kraft.
- Etliche Biokraftstoff-Hersteller und Anlagenbauer streben momentan an die Börse mit hohen Erwartungen, bisher allerdings mit mäßigem Erfolg.
- Ein kritischer Blick auf Verbrauchsmengen, Herstellungskosten, ökologische Konsequenzen und Subventionierung, vermag die Biospriteuphorie zu dämpfen.

# Beitrag

Das Biokraftstoffquotengesetz ist verabschiedet, der deutsche Rapsanbau, die Rapsimporte und der Bau von Biodieselanlagen boomen, die Biospritsteller sind im Börsenrausch. Ist die Bioeuphorie berechtigt?

# Beimischungszwang einerseits und Ende der Steuerbefreiung andererseits

Eins ist klar: billig ist Biodiesel nicht. Und seit dem Ende der bisherigen Steuerbefreiung schon gleich gar nicht. Wäre Biokraftstoff von sich aus rentabel? Also auch ohne Subventionen in Form einer geringeren Besteuerung als Mineralöl oder von staatlich verordneten Zwangsbeimischungen auf dem Markt nachgefragt? Und ohne seine mächtige Lobby, deren reger Verbandsarbeit und politischer Einflussnahme?

Einen Markt für Biokraftstoffe gibt es durchaus. Schon allein deswegen, weil die europäische Kommission in ihrer Beimischungsrichtlinie vorgeschrieben hat, dass die Mitgliedsstaaten den Anteil von Biokraftstoffen am Kraftstoffverbrauch bis 2010 auf 5,75 Prozent steigern sollen. Im vergangenen Jahr wurden 1,8 Millionen Tonnen Biodiesel umgesetzt. Davon flossen 1,2 Millionen Tonnen in den reinen Kraftstoffmarkt und 600 000 in den Beimischungsmarkt. Ab 2007 soll sich der Beimischungsmarkt auf 1,5 Mio. Tonnen erhöhen. (1), (2)

Auch die Bundesregierung hat inzwischen gehandelt. Die steuerfreien Zeiten sind vorbei. Seit August wird Biodiesel mit neun Cent je Liter besteuert, bis 2012 soll die Steuer wie bei Diesel auf 45 Cent steigen. Bei reinem Pflanzenöl endet die Steuerbefreiung 2008. Ähnlich wie auf EU-Ebene beschloss die Bundesregierung zudem eine zwangsweise Beimischung von Biodiesel und -ethanol für Diesel und Benzin. Deren Höhe wird noch im Bundestag

verhandelt.
Und es wird gefeilscht werden. Denn schließlich geht es um viel Geld. So kassieren Bauern, die nachwachsende Rohstoffe nicht mehr für Nahrungszwecke anbauen, eine Stilllegungsprämie von mehreren Hundert Euro pro Hektar plus einer Energiepflanzenprämie von 45 Euro je Hektar plus einer allgemeinen Betriebsprämie. Der Bau von Bioenergieanlagen wird staatlich bezuschusst.

Zu den Biokraftstoffen der so genannten 1. Generation gehören Biodiesel aus Raps, Rapsöl, Bioethanol aus (brasilianischem) Zuckerrohr, aus (heimischem) Getreide oder aus Zuckerrüben. In einer Bioethanol-Raffinerie wird beispielsweise aus Weizenstärke Zucker und daraus schließlich Alkohol als Benzinzusatz. Allein die Pflanzenfrucht wird zur Herstellung des Kraftstoffäquivalents verwendet. Biokraftstoffe der 2. Generation, wie Zellulose-Ethanol und synthetischer Biodiesel (BtL Biomass to liquid), erlauben dagegen die Verwendung der ganzen Pflanze, Stroh sowie pflanzliche Abfälle. Allerdings sind diese Biokraftstoffe derzeit noch nicht marktreif. Darüber hinaus gibt es auch noch andere Treibstoffalternativen, wie zum Beispiel Biomethan (Biogas) oder Biowasserstoff. (3), (4)

Hersteller gibt es zahlreiche. Zu den Teilnehmern am Markt für Biokraftstoffe zählen die Hersteller von

Ethanol, z.B. Verbio, Crop-Energies, die Hersteller von Biodiesel, z.B. Petrotec, Ecodasa, Gate, Biopetrol Industries, EOP Biodiesel, und die Anlagenbauer, z.B. BDI Biodiesel. Doch bereits jetzt wird erwartet, dass sich der Markt in ein paar Jahren konsolidieren wird. Entweder werden die etablierten Mineralölkonzerne zugreifen oder aber die Biospritherstellter formieren sich zu einem Oligopol und versuchen, gemeinsam den Großen Paroli zu bieten.

# Pro Biosprit: Welche Argumente sprechen für die Subventionierung der Biokraftstoffe?

Deutschlands Abhängigkeit vom Öl, das zudem weitgehend importiert werden muss, verursacht Nervosität. Der anhaltende Konflikt um die iranische Atompolitik, Chinas riesiger Energiehunger, Nordkoreas Atompolitik und die proklamierte Endlichkeit des Öls tragen dazu bei. Die Biosprit-Befürworter argumentieren daher natürlich damit, dass es auf alle Fälle gut sei, sich mehr auf die eigenen Beine zu stellen und fossile Brennstoffe durch nachwachsende Biokraftstoffe zu ersetzen. Der Umwelt komme der Kraftstoff aus nachwachsenden Rohstoffen sowieso zugute, schließlich werde die

CO2-Bilanz günstig beeinflusst. Und außerdem entstünden neue Geschäftschancen für die Landwirtschaft, neue Firmen, neue Produktionsanlagen, neue Arbeitsplätze.
Ob ohne gewissen staatlichen Druck die neuen Energien sich so entwickeln könnten, wie sie es derzeit tun, darf auf alle Fälle bezweifelt werden. Noch ist das Öl da.

## Contra Biosprit : Welche Argumente dämpfen die Biospriteuphorie?

Doch jedes Ding hat zwei Seiten. So auch der Biosprit. Unter dem Aspekt Verbrauchsmenge spielt er nur eine untergeordnete Rolle. Der deutsche Autofahrer setzt nach wie vor auf konventionelle Kraftstoffe. Über 51 Prozent des Primärkraftstoffverbrauchs in Deutschland verbucht Diesel, 45 Prozent geht auf Ottokraftstoff. Daneben wirken die aktuellen Verbrauchsmengen von Biokraftstoffen äußerst bescheiden: Biodiesel 3,0 Prozent, Pflanzenöl 0,33 Prozent und Bioethanol sogar nur 0,27 Prozent. [Abb.1]

Bei den Herstellungskosten sind die Biokraftstoffe

derzeit noch vergleichsweise teuer.
Nur Bioethanol aus brasilianischem Zuckerrohr ist in der Produktion günstiger als Benzin, Super und Diesel. In Brasilien wird Bioethanol aus Zuckerrohr rentabel hergestellt. Er kostet rund 31 Cent je Liter und ist schon ab einem Rohölpreis von 30 bis 40 Dollar wettbewerbsfähig. Dem deutschen Autofahrer nützt das allerdings nur etwas, wenn er sich im Brasilienurlaub einen Mietwagen nimmt. Hierzulande wird der brasilianische Biobilligsprit an der EU-Grenze mit einem Schutzzoll von 19 Cent je Liter abgeschmettert.
Alle anderen Kraftstoffäquivalente sind deutlich teurer wobei ein Nettopreis von 61 Dollar je Barrel Rohöl zugrunde gelegt wurde. [Abb.2], (5)
Rapsöl scheint noch am ehesten vertretbar zu sein. Doch man darf sich nicht täuschen lassen. Der Rapspreis ist aufgrund der hohen Nachfrage bereits stark angestiegen. Innerhalb eines Jahres legte er um fast 20 Prozent zu.
Außerdem wird in Deutschland der Platz für Raps wohl schon knapp. Dieses Jahr wurde in Deutschland Raps auf einer Fläche von rund 1,4 Millionen Hektar angebaut, was fast der Größe Schleswig-Holsteins entspricht. Um die Biodieselanlagen auszulasten, muss bereits Raps importiert werden. Im abgelaufenen Wirtschaftsjahr 2005/06 stiegen die Rapseinfuhren um das Dreieinhalbfache auf 880 000 Tonnen, meldet die Zentrale Markt- und

Preisberichtstelle für Erzeugnisse der Land-, Forst- und Ernährungswirtschaft (ZMP) in Bonn.

"Aber der Ölpreis steigt doch", lautet das Argument der Lobby. Tendenziell ist das vermutlich richtig, auch wenn der Ölpreis gerade eine Korrektur nach unten hingelegt hat. Die Mineralölpreise sind jüngst um über zehn Dollar auf rund 60 Dollar je Barrel (159 Liter) gesunken. Bis sich die biogenen Kraftstoffe wirklich rechnen, kann der Ölpreis noch einige Kapriolen schlagen. Laut Meó Consulting rechnet sich Rapsöl ab einem Rohölpreis von 75-80 Dollar je Barrel, Biodiesel ab 80-100 Dollar, Bioethanol aus heimischem Getreide ab 90-110 Dollar und BtL, synthetischer Biokraftstoff, sogar erst ab 155-160 Dollar. (5)

Bioethanol muss künftig laut Biokraftstoffquotengesetz dem Ottokraftstoff beigemischt werden. Auch hier ist ein fader Beigeschmack nicht zu leugnen. Zum einen muss der Verbraucher an der Tankstelle in den nächsten Jahren fünf bis sieben Cent mehr pro Liter Benzin bezahlen. Zum anderen wird der ohnehin schon bestehende Benzinüberschuss noch größer, denn in den Ölraffinerien fällt bei der Produktion von Diesel als Koppelprodukt mehr Benzin an, als der einheimische Markt aufnimmt. Mit der zwangsweisen Bioethanolbeimischung wächst dieser Überschuss weiter, der vorwiegend in die USA exportiert wird.

Auch die ökologische Vorteilhaftigkeit wird inzwischen durchaus bezweifelt. Wer beispielsweise durch die Lüneburger Heide oder durch Ostdeutschland radelt, sieht es: Auf immer mehr Feldern wird jetzt Raps angebaut. Eine negative Folge dessen ist, dass Pflanzenkrankheiten und Schädlinge zunehmen. Im vergangenen Frühjahr beispielsweise hat der Rapsglanzkäfer in Brandenburg und Mecklenburg-Vorpommern derart zugeschlagen, dass nicht mal mehr großzügig eingesetzte Insektizide helfen konnten.
Die Bioenergieeuphorie in Deutschland hat Auswirkungen bis ans andere Ende der Welt. Ein Beispiel: "Sie hat die Palmölproduktion in Indonesien und Malaysia angekurbelt. Mit größter Besorgnis registriert Nabu, dass auf Sumatra große Regenwaldflächen abgeholzt werden, um Platz für Palmölplantagen zu schaffen, die den europäischen Markt beliefern sollen. Das Palmöl braucht die Ernährungsindustrie, es soll den Raps ersetzen, mit dem die hiesige Biosprit-Wirtschaft ihre Anlagen bestückt. Der World Wide Fund For Nature (WWF) schlägt Alarm und wettert gegen den ""Kahlschlag-Diesel", den die Deutschen mit der Förderung erneuerbarer Energien auch noch subventionierten.'
(5)

Überlegungen, ob es nicht unterm Strich günstiger und effizienter wäre, den Spritverbrauch bei Autos zu senken anstatt Biokraftstoffe zu fördern, kommen daher nicht so ganz von ungefähr.

## Fallbeispiele

Am deutschen Aktienmarkt waren die Biokraftstoffe bisher eigentlich kein großes Thema. Mit EOP Biodiesel war dort seit rund einem Jahr lediglich ein kleiner Wert gelistet. Seit kurzem hat sich das jedoch grundlegend geändert: Bioethanol-Produzent Crop-Energies und der Anlagenbauer BDI Biodiesel haben ihren Börsengang bereits hinter sich, Biodiesel- und Ethanol-Hersteller Verbio will jetzt sein Debüt feiern. Petrotec will bald folgen. Die Ziele der bisherigen Börsenkandidaten waren eher zu ehrgeizig.

Crop-Energies, Mannheim, eine derzeit äußerst erfolgreiche Südzucker-Tochter produziert Bioethanol im großen Stil (400 000 Kubikmeter Ethanol pro Jahr) und hat ihren Börsengang erst kürzlich hinter sich gebracht. Allerdings weit weniger erfolgreich als erwartet. Die Aktie des Bioethanol-Herstellers war zu acht Euro zugeteilt worden, fiel aber schon am ersten

Handelstag um rund drei Prozent. Crop-Energies will der führende Anbieter in Europa werden, er übertraf im ersten Halbjahr (März bis August) bereits den Umsatz des gesamten Vorjahres und wies einen deutlichen Gewinn aus. Die Analysten der Landesbank Baden-Württemberg schätzen den Umsatz im Geschäftsjahr 2007/2008 bereits auf 248 Millionen Euro und den Nettogewinn auf 23,1 Millionen Euro. Im Geschäftsjahr 2009/2010 sollen 568 Millionen Euro erlöst und 72,7 Millionen Euro netto verdient werden. (1)

Auch der österreichische Anlagenbauer BDI Biodiesel hatte an der Börse eher Startschwierigkeiten. Die Aktie wurde zu 58 Euro zugeteilt, fiel unter den Ausgabepreis und hielt sich mühsam über 55 Euro.

Verbio, mit Sitz im ostdeutschen Zörbig, entstand aus fünf Unternehmen der Sauter-Gruppe und verfügt über jeweils zwei Produktionsstätten für Biodiesel und Bioethanol. Die derzeitige Produktionskapazität beträgt pro Jahr rund 700 000 Kubikmeter. Die Expansionspläne des Unternehmens sind ehrgeizig. Die Kapazitäten sollen verdoppelt und 300 bis 400 Millionen Euro investiert werden. Doch den geplanten Börsengang hat das Unternehmen kurzfristig verschoben. Man darf also gespannt sein, ob die Zielmarken dieser Tage erreicht werden. (6)

Die Petrotec, Borken, produziert Biodiesel rund 85 000 Kubikmeter im Jahr. Das Unternehmen hat bereits zwei Biodieselanlagen in der Nähe von Borken und plant nun, vier weitere Anlagen in und außerhalb Europas zu bauen. Das Besondere ist, dass Petrotec der einzige namhafte Hersteller ist, der nicht frische Pflanzenöle verwendet, sondern Altspeiseöle (z.B. von McDonalds) recycelt. Petrotec hat 2005 einen Umsatz von rund 40 Millionen Euro erzielt und ist damit um 35 Prozent gewachsen. Der Börsengang ist für November angekündigt. (7)

Es gibt noch weitere Börsenaspiranten. Finanzkreisen zufolge plant der Bielefelder Biogashersteller Biogas Nord ebenfalls im November eine kleinere Emission. Mit der Berliner Ecodasa (50 000 Kubikmeter) will dieses Jahr noch ein weiterer Hersteller von Biosprit den Börsengang wagen.

Insgesamt betrachtet ist das hiesige Börsenklima für erneuerbare Energie allerdings schon merklich abgekühlt. Auch in den USA ist die Euphorie bereits gedämpft. Die Aktien der dortigen Biospritanbieter Aventine und Verasun sind an der Börse keineswegs der erhoffte Renner. Die Firma Hawkeye, ein großer Hersteller von Bioethanol, sagte ihren Börsengang kürzlich sogar mangels Nachfrage ab. (1)

# Zahlen & Fakten

Kleine Pflanzen

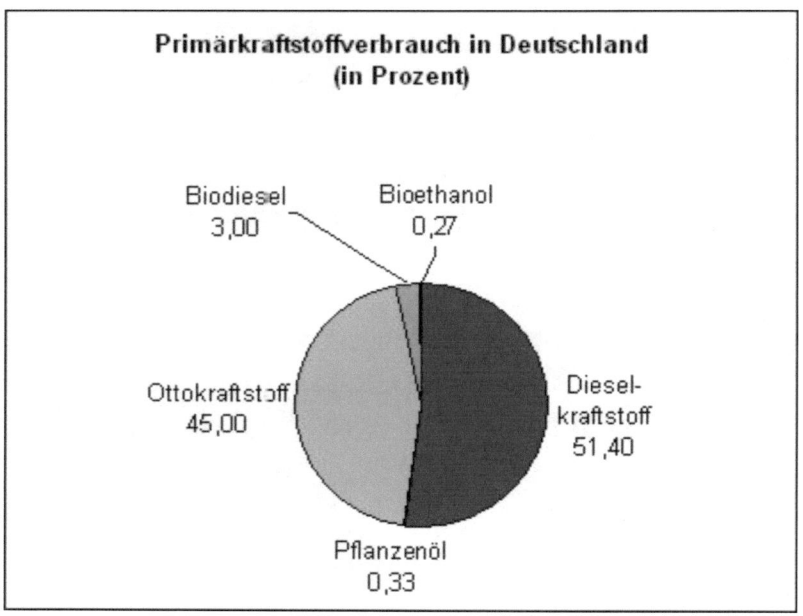

Quelle: Institut für Weltwirtschaft, Kiel

Entnommen aus: WirtschaftsWoche, 02.10.2006, Nr. 40

Teure Alternative

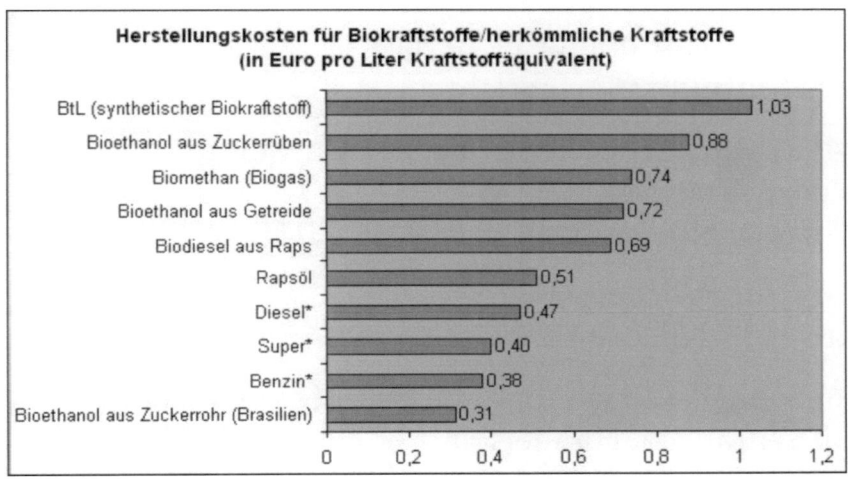

*Nettopreis bei 61 Dollar je Barrel Rohöl (Brent)

Quelle: Meó Consulting

Entnommen aus: WirtschaftsWoche, 02.10.2006, Nr. 40

# Weiterführende Literatur

(1) Sprit vom Acker
aus Frankfurter Allgemeine Zeitung, 27.09.2006, Nr. 225, S. 24

(2) Biosprit mit Fehlzündungen an der Börse

aus Stuttgarter Nachrichten, 04.10.2006, S. 15

(3) O.V., Kraftstoffe. Alternativen für den Tank, Handelsblatt online, 03.10.2006
aus Stuttgarter Nachrichten, 04.10.2006, S. 15

(4) Synthetischer Biosprit nutzt Umwelt und Volkswirtschaft
aus VDI NR. 26 VOM 30.06.2006 SEITE 12

(5) Grüne Alchemie
aus WW NR. 040 VOM 02.10.2006 SEITE 030

(6) Schnell, Christian, Biodieselunternehmen im Börsenrausch, Handelsblatt online, 05.10.2006
aus WW NR. 040 VOM 02.10.2006 SEITE 030

(7) Von der Friteuse in den Tank
aus Frankfurter Allgemeine Zeitung, 04.10.2006, Nr. 230, S. 19

# Impressum

## Biokraftstoffe - Börsenrausch, Beimischungszwang, boomender Rapsanbau

**Bibliografische Information der deutschen Nationalbibliothek**

Die Deutsche Nationalbibliothek verzeichnet diese Publikation in der deutschen Nationalbibliografie; detaillierte bibliografische Daten sind im Internet über http://dnb.d-nb.de abrufbar.

ISBN: 978-3-7379-2334-7

© 2015 GBI-Genios Deutsche Wirtschaftsdatenbank GmbH, Freischützstraße 96, 81927 München, www.genios.de

Alle Rechte vorbehalten. Dieses Werk ist einschließlich aller seiner Teile – z.B. Texte, Tabellen und Grafiken - urheberrechtlich geschützt. Jede Verwertung außerhalb der Grenzen des Urheberrechtsgesetzes bedarf der vorherigen Zustimmung des Verlags. Dies gilt insbesondere auch für auszugsweise Nachdrucke, fotomechanische

Vervielfältigungen (Fotokopie/Mikroskopie), Übersetzungen, Auswertungen durch Datenbanken oder ähnliche Einrichtungen und die Einspeicherung und Verarbeitung in elektronischen Systemen.